Funkelnde Perlen-Weihnacht

Monika und
Nicole Helbig

Weihnachtsschmuck mit Perlen

Festliche Floristik

(Abbildung Seite 1)

Gesteck

Kleben Sie den Steckschwamm in den Topf. Dann befestigen Sie die Manschette auf dem Topfrand. Halbieren Sie die Bänder, drahten Sie mit jeweils 15 cm Draht ein Stück gemustertes und ein Stück einfarbiges Band aneinander und stecken Sie die Bänder mit dem Draht wie abgebildet in den Steckschwamm. Kleben Sie den Kranz über die Manschette und fixieren Sie die Kerze in der Mitte. Fädeln Sie dann im Wechsel einen Glasstift, zwei Rocailles und eine Glasperle auf den restlichen Golddraht. Verknoten Sie die Drahtenden, damit die Perlen nicht herunterrutschen können, und dekorieren Sie die Perlenschnur auf dem Tannenkranz. Zuletzt verteilen Sie etwas Flower Hair auf dem Kranz.

Größe

30 cm breit, 37 cm hoch

Material

- Topf oder Vase in Gold, ø 16 cm, 21 cm hoch
- Grasmanschette mit Blumenform in Grün, ø 25 cm
- Tannenkranz, ø 22 cm
- Chiffonband in Rot, 9 cm breit, 1 m lang
- Chiffonband in Rot-Gold mit Sternmuster, 4 cm breit, 1 m lang
- Kugelkerze in Rot, ø 10 cm
- Steckschwamm
- Flower Hair in Gold
- Draht in Gold, ø 0,25 mm, 2,3 m lang
- 1 Dose Rocailles in Rot, ø 4 mm
- 1 Dose Glasperlen in Rot, ø 6 mm
- 1 Dose Glasstifte in Gold, 2 mm x 7 mm

Fotos: frechverlag GmbH, 70499 Stuttgart;
Fotostudio Ullrich & Co., Renningen

Dieses Buch enthält:
1 Vorlagenbogen

Auflage:	5.	4.	3.	2.	1.	Letzte Zahlen
Jahr:	2006	2005	2004	2003	2002	maßgebend

frechverlag GmbH, 70499 Stuttgart

ISBN 3-7724-3031-7 · Best.-Nr. 3031

Druck: frechdruck GmbH, 70499 Stuttgart

Liebe Leserinnen,

Weihnachten rückt immer näher und näher und überall glitzert und funkelt es. Besonders festlich sieht Weihnachtsschmuck aus Perlen aus, der edel und kostbar im Kerzenlicht schimmert. Deshalb wollen wir Ihnen in diesem Buch unsere schönsten Weihnachtsdekorationen aus Perlen vorstellen. Sie finden hier zum Beispiel edel in Rot und Gold gehaltene Christbaumanhänger, eine klassische Tischdekoration für die Festtafel und zauberhafte Schneekristalle, die ihren eisigen Charme versprühen.
Ganz besonderen Wert haben wir auf die Vielseitigkeit der Materialien und Techniken gelegt. Einfache Perlenschnüre finden Sie genauso wie Ornamente aus Sicherheitsnadeln oder Anhänger in der Wire-Wire-Technik. Natürlich können Sie die Farben der Perlen auch variieren und den Weihnachtsschmuck so ganz individuell Ihrer Wohnung anpassen.
Wir wünschen Ihnen bei der Ausarbeitung Ihrer Modelle viel Freude und gutes Gelingen.

Frohe Weihnachten!

Ihre

Monika Helbig

und

Nicole Helbig

Material

Perlen und Stiftperlen
Perlen benötigen Sie in verschiedenen Farben, Formen und Arten. Es gibt Metall-, Wachs-, Holz-, Glas- und Plastikperlen.
Rocailles haben wir mit ø 2,5 mm / 2,6 mm bzw. ø 4,5 mm / 5 mm verwendet. Manche Hersteller bezeichnen die großen Rocailles (ø 4,5 mm / 5 mm) übrigens als Indianerperlen. Je nach Hersteller variieren die Größen der Rocailles leicht. Wir nennen in unserem Buch immer nur eine Größe, Sie können aber ähnliche Größen genauso gut verwenden. Bei den Materialangaben zu den Rocailles und Glasstiften bezieht sich die Bezeichnung Dose und Beutel immer auf eine Menge zwischen 15 Gramm und 17 Gramm.
Dekoperlen sind übrigens sehr kleine Perlen ohne Loch. Sie werden häufig auch als „Beadz" bezeichnet. Perlen, die im Handel stückweise erhältlich sind, haben wir in der genau benötigten Anzahl aufgeführt. Weiterhin haben wir auch dann die genaue Perlenanzahl angegeben, wenn wir dachten, dass Sie mit den Perlen verschiedene Modelle anfertigen möchten und Sie so besser abschätzen können, wie viele Tütchen Sie benötigen.

Verschiedene Klebstoffe
Für florale Arbeiten verwenden Sie am besten Heiß- oder Alleskleber. Für Styropor verwenden Sie ebenfalls Heiß- oder Styroporkleber, der das Styropor nicht angreift. Holzleim benötigen Sie zur Anfertigung der Perlendosen. Dieser Leim ist weiß und dickflüssig, trocknet aber farblos aus.

Sicherheitsnadeln
Sicherheitsnadeln gibt es in verschiedenen Größen und Farben.

Verschiedene Zangen
Zum Biegen von kleinen Ringen und engen Rundungen bzw. Ösen benötigen Sie eine Rundzange. Zum Abschneiden der Metalldrähte verwenden Sie einen Drahtschneider. Er verhindert, dass scharfe Kanten entstehen, an denen Sie sich verletzen können.

Verschiedene Drahtarten
Metalldrähte gibt es in verschiedenen Stärken, z. B. ø 1,2 mm, ø 0,7 mm und ø 0,45 mm. Je nach Hersteller kann die Stärke leicht variieren. 0,1 mm bis 0,2 mm Differenz bei der Stärke der verwendeten Drähte ist aber kein Problem. Den Draht gibt es in verschiedenen Farben. Manchmal ist er lackiert, manchmal farbig ummantelt. Teilweise ist er auf Spulen, teils in Beuteln erhältlich.
Silber- oder Golddraht gibt es ebenfalls in unterschiedlichen Stärken. Auch er ist auf Rollen erhältlich.
Bouilloneffektdraht ist ein sehr dünner, gewellter Dekodraht. Er ist auf Rollen oder in Beuteln erhältlich.
Bouillondraht ist ein sehr weicher und dünner Draht, der wie eine Spirale geformt ist. Er wird über die Dekoobjekte gespannt und verleiht diesen so einen festlichen Glanz. Er ist nur in Beuteln erhältlich.

Übrigens: Ist die exakte Drahtlänge wichtig, so haben wir diese genau in der Materialliste angegeben. Ist die exakte Länge nicht wichtig, so haben wir die benötigte Länge nicht mit aufgeführt.

Styroporteile
In diesem Buch haben wir Styroporkränze, -zapfen und -monde verwendet.

Strohblumennadeln/Krampen
Das sind gebogene Drahtstücke, mit denen Sie mühelos Dekoteile auf Kränzen etc. befestigen.

Glimmerfarbe
Das ist eine milchige Flüssigkeit, die direkt aus der Flasche oder mit einem Pinsel aufgetragen wird. Nach dem Trocknen (ca. 6 Stunden) wird die Farbe transparent und nur der Glimmer bleibt sichtbar.

Acrylfarbe
Mit Acrylfarbe grundieren Sie Styroporteile oder Pappdosen. Es gibt sie in unterschiedlichen Farben zu kaufen.

Steinfarbe
Diese ist im Fachhandel auch unter dem Begriff Granitfarbe erhältlich. Sie gibt den Objekten eine steinartige Struktur. Sie sollten die Objekte mindestens dreimal mit der Farbe übermalen, damit sie richtig deckt.

Pinsel
Zum Auftragen der Farben und des Holzleims verwenden Sie am besten einen weichen Borstenpinsel.

Schere
Diese benötigen Sie zum Ausschneiden der Wellpappe und des Fotokartons.

Doppelseitiges Klebeband
Dieses benötigen zur Herstellung der mit Perlen verzierten Dosen. Es ist in verschiedenen Breiten erhältlich.

Wire-Wire-Kurbel
Mit dieser Spezialkurbel, die aus einer dicken und einer dünnen Kurbel und einer Halterung besteht, stellen Sie einfach und schnell unterschiedlich dicke Spiralen für Ihren Weihnachtsschmuck her.

Schraubzwinge
Mit einer kleinen Schraubzwinge befestigen Sie die Wire-Wire-Kurbel am Tisch.

Weitere Materialien
Außerdem haben wir in diesem Buch Moos, Steckschwämme, Manschetten, Kränze, Girlanden, Metallformen, Bänder, Kordeln, Flower Hair, Engelshaar, Wackelaugen, Fotokarton und Wellpappe verwendet. All diese Materialien sind im Bastel- bzw. Floristenhandel erhältlich.

So arbeiten Sie Perlenschnüre

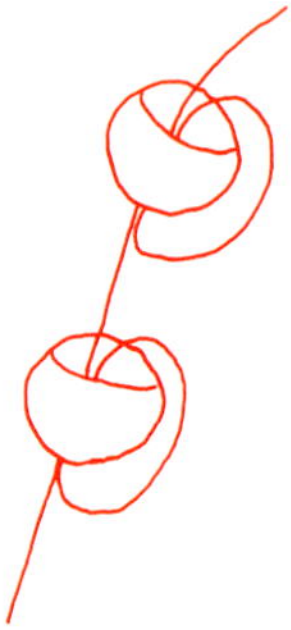

Zuerst führen Sie den Draht durch die Perle, anschließend führen Sie ihn von außen an der Perle entlang und nochmals in gleicher Richtung durch das Perlenloch, sodass eine Schlaufe entsteht. Die Perle sitzt nun fest und kann nicht mehr verrutschen. Zwischen den Perlen lassen Sie etwas Abstand, wir empfehlen mindestens 1 cm.

So arbeiten Sie Sicherheitsnadel-Ornamente

1. Ziehen Sie zuerst die Perlen entsprechend der Vorlage auf die Sicherheitsnadeln auf.

2. Dann arbeiten Sie zwei Sicherheitsnadel-Sterne. Nehmen Sie für jeden Stern 10 cm Draht, die Hälfte der mit Perlen bestückten Sicherheitsnadeln (die andere Hälfte benötigen Sie für den zweiten Stern) und weitere Perlen. Fädeln Sie die Sicherheitsnadeln mit der Ösenseite und eine oder mehrere Perlen (je nach Vorlage) im Wechsel auf den Draht. Wenn alle Perlen und Sicherheitsnadeln aufgefädelt sind, verdrehen Sie den Draht und schneiden die überstehenden Drahtenden ab. Arbeiten Sie auf die gleiche Art und Weise den zweiten Stern.

3. Nun fügen Sie die zwei Sterne zusammen. Dazu legen Sie die Sterne aufeinander, nehmen ein ca. 30 cm langes Drahtstück und fädeln abwechselnd die Verschlussseiten von jeweils zwei Sicherheitsnadel-Sternstrahlen (vom oberen und unteren Stern) und mehrere Perlen (Anzahl laut Vorlage) darauf auf. Sind alle Nadeln und Perlen aufgefädelt, verdrehen Sie die Drahtenden miteinander und schneiden die überstehenden Enden ab. Das fertige Ornament hängen Sie mit einer Kordel oder einem Band auf.

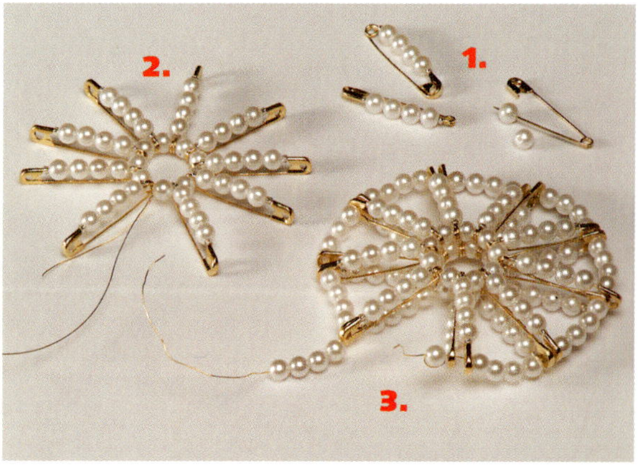

Wire-Wire-Technik

Einfache Spirale

1. Legen Sie den Draht um das Kurbelende. Der Draht sollte die Öse der Kurbel wie ein Kragen umschlingen (Abb. 1).

2. Dann schieben Sie die Kurbel durch die zwei Löcher der Halterung. Halten Sie das kurze Drahtstück mit dem rechten Daumen fest und lassen Sie den restlichen Draht herunterhängen. Kurbeln Sie nun mit der rechten Hand, wobei Sie den Draht mit der linken Hand führen (Abb. 2). So wickeln Sie Ihre Spiralen, die übrigens max. 15 cm lang werden, weil die Kurbeln nicht länger sind. Schneiden Sie den Draht mit dem Drahtschneider ab und ziehen Sie die Spirale von der Kurbel ab.

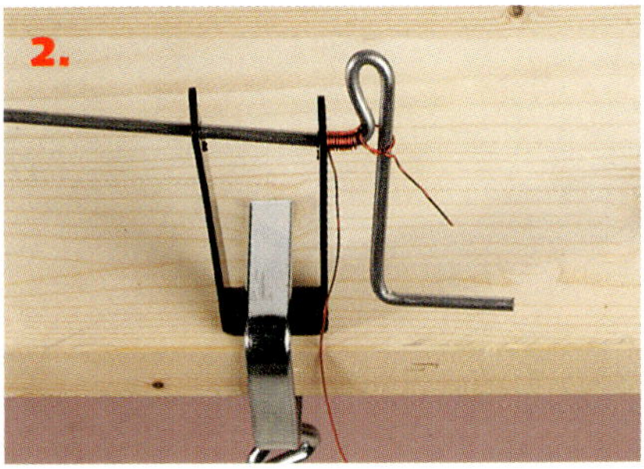

Doppelspirale

3. Ziehen Sie durch die Spirale einen Draht mit der gleichen Stärke oder etwas stärker. Legen Sie ein Ende dieses Drahtes (= Kerndraht) wie unter 1. beschrieben um die Öse der Kurbel. Machen Sie wie unter 2. beschrieben fünf Umdrehungen mit der Kurbel, sodass ein kurzes Stück des Kerndrahts eine Spirale bildet. Anschließend schieben Sie die einfache Spirale (hier auf dem Bild rot) auf dem Kerndraht in Richtung der Kurbel, bis sie gegen die Kerndraht-Spirale stößt (Abb. 3).

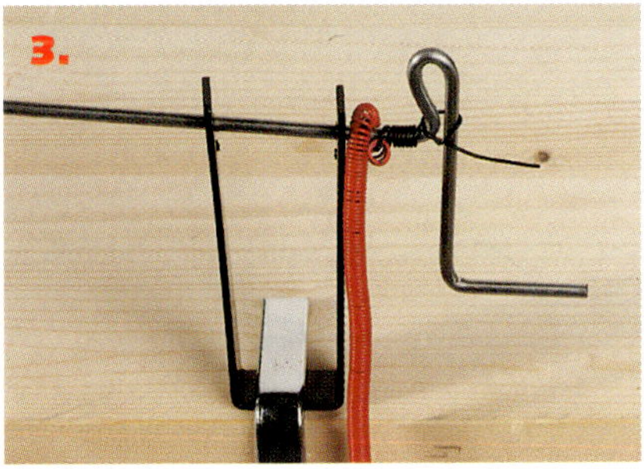

4. Drehen Sie nun die Spirale mit dem Kerndraht, bis die Spirale komplett aufgewickelt ist (Abb. 4). Dann machen Sie nochmals fünf Umdrehungen mit dem Kerndraht. Schneiden Sie den Draht ab und streifen Sie die entstandene Doppelspirale von der Kurbel ab.

Gedrehte Herzen und Sterne

Stern

Fertigen Sie in der Wire-Wire-Technik aus dem goldenen Draht mit der dünnen Kurbel zehn einfache Spiralen (je 15 cm lang) an. Alle Spiralen werden dann auf der dünnen Kurbel zu Doppelspiralen gedreht, wobei Sie den grünen Draht als Kerndraht verwenden. Dann fädeln Sie die Spiralen und Holzperlen im Wechsel auf den silbernen Draht, biegen dessen Enden zu Ösen und dann den aufgefädelten Draht wie abgebildet zu einem Stern. Hängen Sie den Stern mit Satinband auf.

Größe

ø 23 cm

Material

- 1 Rolle Draht in Grün, ø 0,7 mm
- 1 Rolle Draht in Gold, ø 0,7 mm
- Draht in Silber, ø 1,2 mm, 1 m lang
- 10 Holzperlen in Rot, ø 6 mm
- Satinband in Rot, 3 mm breit, 50 cm lang
- Wire-Wire-Kurbel
- Schraubzwinge

Herzchen-Kette

Fertigen Sie in der Wire-Wire-Technik aus dem bordeauxfarbenen Draht mit der dünnen Kurbel vier einfache Spiralen an, aus dem roten Draht acht einfache Spiralen und aus dem grünen vier (je 15 cm lang). Alle Spiralen werden dann auf der dünnen Kurbel zu Doppelspiralen gedreht, wobei Sie als Kerndraht immer den goldenen Draht nehmen. Bei den roten und grünen Spiralen schieben Sie immer zwei einfache Spiralen auf den Kerndraht, damit längere Doppelspiralen entstehen. Dann fädeln Sie die Doppelspiralen und Holzperlen wie folgt auf den silbernen Draht auf:
Für die beiden Herzen in Bordeaux benötigen Sie jeweils 23 cm Silberdraht.
Auf die Drahtenden und zwischen die zwei Spiralen kommt jeweils eine grüne Holzperle. Die Drahtenden biegen Sie zu Ösen, damit die Perlen und Spiralen nicht verrutschen können. Anschließend formen Sie den Draht zum Herz.
Bei den roten Herzen gehen Sie genauso vor. Für diese benötigen Sie 35 cm Silberdraht pro Herz.
Für das grüne Herz verwenden Sie die roten Holzperlen und 35 cm Silberdraht.
Hängen Sie die Herzen wie abgebildet untereinander. Sie benötigen dazu jeweils 50 cm Satinband. Verzieren Sie das untere Herz mit einer kleinen Schleife, binden Sie die restlichen Holzperlen an die Bandenden und hängen Sie die Kette mit 50 cm Satinband auf.

Größe

11 cm x 55 cm

Material

- 1 Rolle Draht in Bordeaux, ø 0,7 mm
- 1 Rolle Draht in Rot, ø 0,7 mm
- 1 Rolle Draht in Grün, ø 0,7 mm
- 1 Rolle Draht in Gold, ø 0,7 mm
- 1 Rolle Draht in Silber, ø 1,2 mm
- 3 Holzperlen in Rot, ø 6 mm
- 14 Holzperlen in Grün, ø 6 mm
- Satinband in Rot, 3 mm breit, 3 m lang
- Wire-Wire-Kurbel
- Schraubzwinge

Es weihnachtet

Kugel- und Zapfen-Anhänger

Mischen Sie alle Perlen miteinander. Für jeden Anhänger benötigen Sie 2 m Draht. Fädeln Sie jeweils auf ca. 40 cm Draht Perlen auf. Dann nehmen Sie einen dünnen Stift oder Stab, wickeln den Draht dreimal darum herum und schieben eine der aufgefädelten Perlen in Position. Machen Sie wieder drei Umdrehungen mit dem Draht und schieben Sie die nächste Perle in Position (siehe Abb.). Diesen Vorgang wiederholen Sie so oft, bis der Draht und die Perlen aufgebraucht sind. Sie müssen dafür zum Umwickeln immer wieder neu ansetzen. Ziehen Sie den Draht vorsichtig vom Stab ab und leicht (auf ca. 1 m) auseinander. Befestigen Sie ein Ende des Perlendrahtes an der Metallform und wickeln Sie ihn darum herum. Wickeln Sie zusätzlich noch ca. 20 cm Bouillondraht um jeden Anhänger und hängen Sie ihn mit ca. 20 cm Satinband auf.

Größen

ø 8 cm (Kugel)
ø 15 cm (Zapfen)

Material (für alle Anhänger)

- 6 Kugel-Metallformen in Gold, ø 8 cm
- 6 Facettentropfen-Metallformen in Gold, ø 15 cm
- 1 Dose Rocailles in Rot-Opak, ø 5 mm
- 1 Dose Rocailles in Rot-Transparent, ø 5 mm
- 1 Dose Rocailles in Rot, 4 mm x 4 mm
- 1 Dose Rocailles in Rot mit Silbereinzug, ø 2,6 mm
- 1 Dose Rocailles in Kristallklar, ø 2,6 mm
- 1 Dose Glasperlen in Rot, ø 6 mm
- 1 Dose Glasschliffperlen in Rubin, ø 6 mm
- 1 Dose Glasschliffperlen in Rubin, ø 4 mm
- 1 Dose Glasschliffperlen in Kristall, ø 6 mm
- 1 Dose Glasschliffperlen in Kristall, ø 4 mm
- 1 Dose Glasstifte in Gold, 2 mm x 10 mm
- 2 Btl. Perlen in Gold, ø 6 mm
- 1 Btl. Bouillondraht in Gold, ø 2 mm
- Draht in Gold, ø 0,7 mm, 24 m lang
- Satinband in Rot, 3 mm breit, 2,4 m lang
- Dünnen Stift oder Stab

Stern-Anhänger

Fädeln Sie die Perlen auf den Stern. Biegen Sie jeden Sternstrahl am Ende zu einer kleine Öse, um das Herunterrutschen der Perlen zu verhindern. In eine Öse fädeln Sie das Satinband als Aufhängung.

Größe

ø 10 cm

Material (pro Anhänger)

- 1 Stern-Metallform, ø 10 cm
- 8 Glasperlen in Rot, ø 6 mm
- 16 Glasstifte in Gold, 2 mm x 15 mm
- 24 Rocailles in Rot, ø 2,6 mm
- Satinband in Rot, 3 mm breit 20 cm lang

Vorlagenbogen A

Perlenschnur

Fädeln Sie die Perlen und Glasstifte im Wechsel auf den Draht. Die beiden Enden des Drahtes biegen Sie zu Ösen, damit die Perlen nicht mehr herunterrutschen können. Dann drapieren Sie die Kette über dem Weihnachtsbaum.

Länge

ca. 1,7 m

Material

- 1 Btl. Glasstifte in Rot, 2 mm x 10 mm
- 90 Perlen in Gold, ø 8 mm
- Draht in Gold, ø 0,25 mm, 1,7 m lang

Weihnachtsstern

Größe

ø 8 cm

Material (pro Blüte)

- ½ Dose Rocailles in Rot, ø 2,6 mm
- ¼ Dose Rocailles in Grün, ø 2,6 mm
- 6 Rocailles in Grün mit Silbereinzug, ø 4 mm
- Bouilloneffektdraht in Gold, ø 0,2 mm

Vorlagenbogen A

Fertigen Sie fünf rote Blütenblätter mit je fünf Rocailles in der Mitte an und drei mit je sechs Rocailles. Außerdem erstellen Sie drei grüne Blätter mit je sieben Rocailles in der Mitte. In die erste Reihe kommt dabei jeweils eine Rocaille, in die zweite zwei usw. Am Schluss eines jeden Blattes verdrehen Sie die Drähte miteinander und lassen jeweils etwas Draht stehen, um sie hinterher zu der Blüte zusammenfügen zu können. Nun fädeln Sie jede große Rocaille auf die Mitte eines 15 cm langen Drahtstücks, knicken dieses in der Mitte und verdrehen die Enden. Anschließend drehen Sie die Drähte zum Stiel zusammen. Binden Sie die fünf kleinen Blütenblätter um die Blütenmitte und arrangieren Sie anschließend die drei großen Blütenblätter und die grünen Blätter darum herum. Verdrehen Sie die Drähte der Blätter mit denen des Stängels und kürzen Sie diese alle auf eine Länge.

Sterndose

Malen Sie einen Kreis (ø 6 cm) in die Mitte des Deckels, bestreichen Sie diesen mit Holzleim, streuen Sie die Deko-Perlen darauf und lassen Sie sie trocknen. Dann bestreichen Sie den restlichen Deckel mit Holzleim und tauchen ihn in die Rocailles. Nach dem Trocknen kleben Sie das Klebeband um den Rand, ziehen dessen Schutzfolie ab und tauchen ihn ebenfalls in die Deko-Perlen.

Größe

ø 16 cm, 5 cm hoch

Material

- Sterndose, ø 16 cm, 5 cm hoch
- 1 Dose Rocailles in Hellgrün, ø 2,6 mm
- 1 Dose Deko-Perlen in Rot, ø 0,6 mm
- Doppelseitiges Klebeband, 15 mm breit, 50 cm lang
- Holzleim

Große Geschenkdose

Größe

ø 24 cm, 13 cm hoch

Material

- Runde Pappdose, ø 24 cm, 13 cm hoch
- 2 Dosen Rocailles in Hellgrün, ø 2,6 mm
- 2 Dosen Deko-Perlen in Rot, ø 0,6 mm
- Acrylfarbe in Gold
- Doppelseitiges Klebeband, 25 mm breit, 1,6 m lang
- Holzleim

Bemalen Sie die Dose. Nach dem Trocknen kleben Sie das doppelseitige Klebeband um den Rand des Dosendeckels und die Unterkante der Dose, den Dosendeckel bestreichen Sie mit Holzleim. Schütten Sie die Rocailles auf ein Tablett und tauchen Sie den Dosendeckel mit der eingeleimten Seite hinein. Lassen Sie den Leim trocknen. Anschließend ziehen Sie die Schutzfolie vom Klebeband ab und tauchen es Stück für Stück in die Deko-Perlen. Lassen Sie die Dose über Nacht trocknen.

Mittlere Geschenkdose

Fertigen Sie die Dose an. Zum Schluss kleben Sie mit Heißkleber zwei Perlen-Weihnachtssterne auf den Deckel.

Größe

ø 20 cm, 10,5 cm hoch

Material

- Runde Pappdose, ø 20 cm, 10,5 cm hoch
- 2 Dosen Rocailles in Gold, ø 2,6 mm
- 1 Dose Deko-Perlen in Grün, ø 0,6 mm
- 2 Perlen-Weihnachtssterne (siehe Seite 12)
- Acrylfarbe in Gold
- Doppelseitiges Klebeband, 20 mm breit, 70 cm lang
- Holzleim

Unser Tipp

Wir haben den Weihnachtsbaum noch mit einer großen Schleife aus rot-goldenem Schleifenband (5,5 cm breit, 2 m lang) und goldenem Flower Hair geschmückt.

Edle Dekoration in Pink und Orange

Kleiner Adventskranz

Größe

ø 19 cm

Material

- Styroporkranz, ø 17 cm
- 18 Glasschliffperlen in Pink, ø 6 mm
- 18 Glasschliffperlen in Bordeaux, ø 8 mm
- Rocailles in Pink, Flieder, Blau, Rot, Braun, Braun-Opak, Bordeaux-Opak, Pink-Opak und Flieder-Opak, ø 2,6 mm
- Mini-Tannengirlande, 8 m lang
- 2 Teelichter in Gold
- Kariertes Band in Pink-Orange, 5,5 cm breit, 1 m lang
- Acrylfarbe in Grün
- 1 Rolle Draht in Gold, ø 0,25 mm
- Flower Hair in Gold
- Strohblumennadeln

Bemalen Sie den Kranz. Mischen Sie alle Rocailles und fädeln Sie sie auf zwei 5 m lange Drahtstücke. Wickeln Sie die Perlenschnüre gegenüberliegend um den Kranz und stecken Sie sie mit Strohblumennadeln fest. Zwischen den Rocailles wickeln Sie je 4 m Tannengirlande um den Kranz und stecken auch diese fest. Befestigen Sie die Teelichter auf dem Kranz. Fädeln Sie von jeder Farbe neun Glasschliffperlen im Wechsel auf zwei Drahtstücke, schließen Sie diese zu Kreisen und binden Sie sie um die Teelichter. Befestigen Sie die Schleife auf dem Kranz und verzieren Sie ihn mit Flower Hair.

Ornamente

Arbeiten Sie das Kugel- und das Stern-Ornament laut Vorlage und der allgemeinen Anleitung. Hängen Sie sie mit der Kordel auf und stecken Sie etwas Flower Hair in die Mitte.

Größe

ø 8 cm

Material Kugel-Ornament

- 18 Sicherheitsnadeln in Gold, 48 mm lang
- 63 Wachsperlen in Bordeaux, ø 8 mm
- 54 Wachsperlen in Bordeaux, ø 4 mm
- 1 Dose Rocailles in Gold, ø 2,6 mm
- Draht in Gold, ø 0,4 mm, 1 m lang
- Kordel in Gold, ø 1 mm, 50 cm lang
- Flower Hair in Gold

Vorlagenbogen A

Größe

ø 8 cm

Material Stern-Ornament

- 8 Sicherheitsnadeln in Gold, 40 mm lang
- 8 Sicherheitsnadeln in Gold, 28 mm lang
- 16 Wachsperlen in Bordeaux, ø 8 mm
- 128 Wachsperlen in Bordeaux, ø 4 mm
- 1 Dose Rocailles in Gold, ø 2,6 mm
- Draht in Gold, ø 0,4 mm, 1 m lang
- Kordel in Gold, ø 1 mm, 50 cm lang
- Flower Hair in Gold

Vorlagenbogen A

Festliche Tischdekoration

Kerzengesteck

Bemalen Sie die Styroporzapfen mit Steinfarbe. Nach dem Trocknen bestreichen Sie die Spitzen mit Styroporkleber und tauchen sie in die Deko-Perlen. Lassen Sie den Klebstoff über Nacht trocknen. Fädeln Sie die Rocailles und die Glasschliffperlen laut der allgemeinen Anleitung im

Wechsel auf den Bouilloneffektdraht, wobei der Abstand zwischen den Perlen jeweils 1,5 cm betragen sollte. Schlingen Sie die fertige Kette um die Kerze und arrangieren Sie die Kerze, das Flower Hair, den Tannenzweig und die Zapfen wie abgebildet auf der Tortenplatte. Fixieren Sie die Einzelteile mit Heißkleber.

Größe

ca. 24 cm x 16 cm

Material

- Tortenplatte aus Glas, ø 9 cm, 5,5 cm hoch
- Kerze in Elfenbein, ø 7 cm, 10 cm hoch
- Tannenzweig mit Zapfen
- 2 Styroporzapfen, ø 12 cm
- 1 Dose Deko-Perlen in Gold, ø 0,6 mm
- 19 Rocailles in Tannengrün, 4 mm x 4 mm
- 19 Glasschliffperlen in Jaspis, ø 6 mm
- Flower Hair in Gold
- Bouilloneffektdraht in Gold, ø 0,2 mm, 1,5 m lang
- Steinfarbe in Silber

Windlicht mit Perlenrand

Fädeln Sie die Perlen laut Vorlage auf den Magic-Stretch-Faden. Verknoten Sie die Enden und fixieren Sie sie mit Sekundenkleber. Zum Schluss schieben Sie das Perlenband über das Windlicht.

Größe

ø 8 cm, 11 cm hoch

Material

- Glaswindlicht, ø 8 cm, 11 cm hoch
- Kerze in Grün, ø 5 cm, 8 cm hoch
- 33 Glasschliffperlen in Jaspis, ø 6 mm
- 66 Rocailles in Tannengrün, 4 mm x 4 mm
- Magic-Stretch-Faden in Transparent, ø 0,6 mm, 1 m lang
- Sekundenkleber

Vorlagenbogen A

Größe

ø 3 cm

Material (pro Serviettenring)

- 16 Glasschliffperlen in Jaspis, ø 6 mm
- 32 Rocailles in Tannengrün, 4 mm x 4 mm
- Draht in Gold, ø 0,2 mm, 30 cm lang

Vorlagenbogen A

Serviettenring

Fädeln Sie die Perlen laut Vorlage auf den Draht und schließen Sie den Perlenstrang zu einem Kreis, indem Sie den Draht wieder durch die ersten Perlen auf jeder Seite schieben und festziehen.

Perlenschnur

Ziehen Sie die Perlen wie auf der vorhergehenden Doppelseite abgebildet auf den Draht auf. An den Drahtenden machen Sie Schlaufen, um die Perlen zu fixieren.

Länge

1 m

Material

- 1 Dose Glasstifte in Silber, 2 mm x 10 mm
- 1 Dose Rocailles in Tannengrün, 4 mm x 4 mm
- 1 Dose Rocailles in Grasgrün, 4 mm x 4 mm
- Draht in Gold, ø 0,2 mm, 1,2 m lang

Deko-Efeublätter

Bemalen Sie die Blätter mit der Glimmerfarbe und kleben Sie nach dem Trocknen auf jedes Blatt eine Perle.

Größe

ca. 5 cm x 5 cm

Material

- 10 künstliche Efeublätter
- 5 Glasschliffperlen in Hellgrün, ø 8 mm
- 5 Glasschliffperlen in Transparent, ø 8 mm
- Glimmerfarbe in Gold

Menü- und Platzkarten

Schneiden Sie den Tonkarton in der angegebenen Größe zu und knicken Sie ihn jeweils in der Mitte zu einer Karte. Dann kleben Sie das doppelseitige Klebeband laut Vorlage auf die Karten. Lösen Sie zuerst nur die Schutzfolie von einem Streifen ab und streuen Sie wie abgebildet die Deko-Perlen auf. Dann decken Sie den Streifen ab und verfahren beim nächsten genauso. Lassen Sie die Karten über Nacht trocknen. Die Menükarte lochen Sie noch zusätzlich auf der geschlossenen Seite und fädeln das Goldband durch. Zuletzt beschriften Sie die Karten.

Größe

7,5 cm x 5 cm (Platzkarte)
10,5 cm x 15 cm (Menükarte)

Material (für beide Karten)

- Fotokarton in Hellgelb, 21 cm x 15 cm (für die Menükarte) bzw. 7,5 cm x 10 cm (für die Platzkarte)
- Deko-Perlen in Gold und Hellgrün, ø 0,6 mm
- Glimmerstift in Gold
- Band in Gold, 4 mm breit, 50 cm lang (für die Menükarte)
- Doppelseitiges Klebeband, 0,6 cm breit, 53 cm lang
- Doppelseitiges Klebeband, 2 cm breit (für die Menükarte), 30 cm lang

Vorlagenbogen A

Schneeflöckchen, Weißröckchen

Eiskristalle

Ziehen Sie für jeden Eiskristall 1 Dose Rocailles auf 1,6 m Draht auf. Dann biegen Sie die Eiskristalle der Vorlage nach in Form. Die Kreuze markieren die Stellen, die mit Effektdraht umwickelt werden müssen. Für jeden Eiskristall benötigen Sie 0,6 bzw. 0,7 m Effektdraht (10 cm für jede Schlaufe und 10 cm für die Mitte). Dann ziehen Sie für jeden Eiskristall durch zwei Glasschliffperlen 5 cm Draht und befestigen die Perlen damit auf beiden Seiten der Mitte des Kristalls. Zuletzt knoten Sie als Aufhängung die Kordel an die Eiskristalle.

Größe

ø 18 cm

Material (für alle Eiskristalle)

- 1 Rolle Draht in Silber, ø 0,8 mm
- Kordel in Silber, ø 1 mm, 1,8 m lang
- Bouilloneffektdraht in Silber, ø 0,2 mm, 2,2 m lang
- 1 Dose Rocailles in Perlmutt-Silber, ø 2,6 mm (für den silbernen Eiskristall)
- 1 Dose Rocailles in Transparent, ø 2,6 mm (für den transparenten Eiskristall)
- 1 Dose Rocailles in Weiß-Irisierend, ø 2,6 mm (für den weißen Eiskristall)
- 6 Glasschliffperlen in Kristallklar, ø 8 mm

Vorlagenbogen B

Weiße Weihnachten

(Abbildung Seite 23)

Tannenbäumchen

Ziehen Sie die Perlenbäumchen der Vorlage nach auf 1,4 m Golddraht auf. Fangen Sie bei der Spitze an. Für den Baumstamm nehmen Sie ein 15 cm langes Drahtstück, fädeln dieses durch die drei mittleren weißen Perlen und fädeln dann die goldenen Perlen auf. Die Drahtenden schneiden Sie nicht ab, sondern führen sie soweit wie möglich durch die Perlen zurück. Mit dem Effektdraht hängen Sie das Tannenbäumchen auf.

Größe

8,5 cm x 10 cm

Material (pro Baum)

- 66 Wachsperlen in Weiß, ø 8 mm
- 6 Perlen in Gold, ø 8 mm
- Draht in Gold, ø 0,4 mm, 1,6 m lang
- Bouilloneffektdraht in Gold, ø 0,2 mm, 50 cm lang

Vorlagenbogen A

Kerzenkranz

Fädeln Sie die Perlen abwechselnd auf den Draht, verdrehen Sie die Drahtenden miteinander und schneiden Sie die überstehenden Enden ab.

Größe

ø 5 cm

Material

- 5 Wachsperlen in Weiß, ø 14 mm
- 5 Wachsperlen in Weiß, ø 8 mm
- Draht in Silber, ø 0,4 mm, 20 cm lang

Engel

Zuerst fädeln Sie elf kleine Goldperlen auf ca. 1 m Draht. Dann führen Sie beide Drahtenden durch eine große Wachsperle. Anschließend fädeln Sie auf jedes Drahtende eine große Olivenperle und eine Wachsperle mit ø 6 mm auf. Führen Sie die Drähte durch die Olivenperlen zurück und durch eine zweite große Wachsperle. Anschließend führen Sie die Drähte (einen von rechts, einen von links) durch eine Wachsperle mit ø 6 mm und wieder zurück durch die große Wachsperle (Zeichnung 1). Danach machen Sie die Drahtflügel. Dazu führen Sie den Draht fünfmal in zwei Schlaufen und überkreuz (in Form einer liegenden 8) unterhalb der Kopfperle hin und her (Zeichnung 2). Verdrehen Sie die Drahtenden auf der Rückseite des Engels und schneiden Sie die überstehenden Enden ab.
Dann fädeln Sie die Perlen laut Vorlage auf die Sicherheitsnadeln. Fädeln Sie die Sicherheitsnadeln mit der Ösenseite auf etwas Draht und binden Sie diesen zum Kreis. Bevor Sie den Kreis schließen, binden Sie ihn über die kleine untere Perle des Engelkörpers. Die Unterkante des Rocks wird ebenfalls mit Draht zusammengerafft. Dazu ziehen Sie den Draht im Wechsel durch die Schließe der Nadeln und die Wachsperlen mit ø 8 mm.

Größe

6 cm x 8 cm

Material (pro Engel)

- 8 Wachsperlen in Weiß, ø 8 mm
- 16 Perlen in Gold, ø 8 mm
- 8 Olivenperlen in Weiß, 6 mm x 14 mm
- 2 Wachsperlen in Weiß, ø 16 mm
- 2 Olivenperlen in Weiß, 8 mm x 20 mm
- 3 Wachsperlen in Weiß, ø 6 mm
- 11 Perlen in Gold, ø 3 mm
- 8 Sicherheitsnadeln in Gold, 40 mm lang
- Draht in Gold, ø 0,25 mm, 2 m lang

Vorlagenbogen A

Silberpracht

Mond

Bemalen Sie den Mond mit Steinfarbe und nach dem Trocknen mit Glimmerfarbe. Anschließend fädeln Sie auf 60 cm Effektdraht die Glasstifte auf. Verknoten Sie die Drahtenden, damit die Glasstifte nicht herunterrutschen können. Dann fädeln Sie die Glasschliffperlen laut allgemeiner Anleitung auf 2 m Draht auf, wobei der Abstand zwischen den Perlen 1,5 cm betragen sollte. Wickeln Sie den Effektdraht, den Bouillondraht und die beiden Perlenschnüre einige Male kreuz und quer um den Mond. Hängen Sie den Mond mit der Kordel auf und verzieren Sie ihn mit einer Schleife.

Größe

28 cm hoch

Material

- Styropormond, ø 23 cm
- 1 Beutel Glasstifte in Pink, 2 mm x 7 mm
- 36 Glasschliffperlen in Lila, ø 8 mm
- 1 Rolle Bouilloneffektdraht in Silber, ø 0,2 mm
- 1 Beutel Bouillondraht in Silber, ø 2 mm
- Kordel in Silber, ø 1 mm, 1 m lang
- Schleifenband in Silbergrau, 4 cm breit, 1 m lang
- Steinfarbe in Silber
- Glimmerfarbe in Violett

Größe

15 cm hoch

Material (pro Zapfen)

- Styroporzapfen, 12 cm hoch
- 1 Dose Rocailles in Pink-Blau, ø 2,5 mm
- 1 Rolle Bouilloneffektdraht in Silber, ø 0,2 mm
- 1 Beutel Bouillondraht in Silber, ø 2 mm
- Kordel in Silber, ø 1 mm, 50 cm lang
- Schleifenband in Silbergrau, 4 cm breit, 70 cm lang
- Steinfarbe in Silber

Zapfen

Bemalen Sie die Zapfen mit Steinfarbe und fädeln Sie die Rocailles auf 1 m Effektdraht. Dann umwickeln Sie den Zapfen zuerst einige Male mit Effektdraht, anschließend mit Bouillondraht und zuletzt mit der Perlenschnur. Zum Schluss befestigen Sie die Kordel als Aufhängung und die Schleife zur Zierde.

Weihnachtliche Mobiles

Mobile mit einem Kranz

Größe

22 cm x 22 cm

Material

- 10 Holzperlen in Weiß, ø 12 mm
- 10 Holzperlen in Rot, ø 12 mm
- 1 Btl. Holzperlen in Weiß, ø 4 mm
- 1 Btl. Holzperlen in Grün, ø 4 mm
- 2 Btl. Holzperlen in Rot, ø 4 mm
- 1 Rolle Draht in Silber, ø 1,2 mm
- 1 Rolle Draht in Silber, ø 0,7 mm
- Satinband in Rot, 3 mm breit, 2,5 m lang
- Wire-Wire-Kurbel
- Schraubzwinge

Schneiden Sie vom dicken Silberdraht ein 28 cm langes Stück ab und fädeln Sie die großen Holzperlen abwechselnd darauf auf. Vorne und hinten biegen Sie den Draht zu einer Öse, damit die Perlen nicht herunterrutschen können. Danach biegen Sie den Draht wie abgebildet in die Form einer Candy-Stange (ca. 18 cm lang). Fädeln Sie nun auf den grünen Draht je sieben weiße und sieben rote kleine Perlen im Wechsel auf. Insgesamt benötigen Sie 27 Einheiten à sieben Perlen. Danach fertigen Sie daraus in der Wire-Wire-Technik mit der dicken Kurbel eine einfache Perlenspirale. Nehmen Sie ein 17 cm langes Silberdrahtstück, ziehen Sie dieses durch die Spirale, biegen Sie es an beiden Enden zu einer Öse, um das Herunterrutschen der Perlen zu verhindern, und biegen Sie die Spirale zu einer Candy-Stange. Die zweite Candy-Stange arbeiten Sie ebenso, nur verwenden Sie hier rote und grüne Holzperlen. Für den Kranz fädeln Sie einen Beutel rote Holzperlen auf grünen Draht, kurbeln daraus eine einfache Perlenspirale, schieben ein 17 cm langes Silberdrahtstück hindurch, biegen die Perlenspirale zu einem Kreis und binden ihn mit etwas Draht zusammen. Hängen Sie die kleinen Candy-Stangen und den Kranz mit jeweils 50 cm Satinband an die große Candy-Stange. Mit dem restlichen Satinband hängen Sie das Mobile auf.

Mobile mit zwei Kränzen

Größe

22 cm x 22 cm

Material

- 10 Holzperlen in Weiß, ø 12 mm
- 10 Holzperlen in Rot, ø 12 mm
- 1 Btl. Holzperlen in Weiß, ø 4 mm
- 1 Btl. Holzperlen in Grün, ø 4 mm
- 2 Btl. Holzperlen in Rot, ø 4 mm

Fertigen Sie das Mobile wie oben beschrieben an. Für den rot-weißen Kranz ziehen Sie auf den dünnen Silberdraht 27 Perleneinheiten (à sieben weiße und sieben rote Perlen im Wechsel) auf. Für die rote Candy-Stange ziehen Sie einen Beutel rote Holzperlen auf und für den dreifarbigen Kranz jeweils neunmal sieben rote, sieben weiße und sieben grüne Perlen im Wechsel.

- 1 Rolle Draht in Silber, ø 1,2 mm
- 1 Rolle Draht in Grün, ø 0,7 mm
- Satinband in Grün, 3 mm breit, 2,5 m lang
- Wire-Wire-Kurbel
- Schraubzwinge

Material

- Terrakotta-Topf, ø 13 cm, 15 cm hoch
- Stern-Manschette in Gold, ø 27 cm
- Metallform „Baum mit Stab“ in Gold, 18 cm hoch

Weihnachtsschmuck in Weiß und Gold

Elch

Schneiden Sie den Elchkopf zweimal der Vorlage nach aus. Dann fädeln Sie die Perlen und Schellen der Abbildung nach auf den Draht auf und biegen den Draht laut Vorlage in Form. Kleben Sie das Perlengeweih zwischen die beiden Elchköpfe.
Schneiden Sie aus dem Fotokarton den Nasenkreis aus und kleben Sie diesen und die Wackelaugen auf. Binden Sie aus dem breiten Band eine Schleife, die Sie unter die Nase kleben. In der Schleifenmitte positionieren Sie eine große Perle. Mit dem schmalen Band hängen Sie den Elch auf.

Größe

25 cm x 27 cm

Material (pro Elch)

- 57 Wachsperlen in Weiß, ø 8 mm
- 94 Wachsperlen in Weiß, ø 4 mm
- 8 Schellen in Gold, ø 11 mm
- 2 ovale Wackelaugen, ø 2 cm
- Wellpappe in Gold, 22 cm x 36 cm
- Fotokarton in Schwarz, 5 cm x 5 cm
- Draht in Gold, ø 1 mm, 2,1 m lang
- Band in Silber-Gold, 4 cm breit, 50 cm lang
- Band in Gold, 4 mm breit, 70 cm lang
- Engelshaar in Weiß

Vorlagenbogen B

Gesteck

Größe

27 cm x 35 cm

- 5 Schellen in Gold, ø 11 mm
- 40 Wachsperlen in Weiß, ø 8 mm
- 10 Wachsperlen in Weiß, ø 3 mm
- Mini-Tannengirlande, 1 m lang
- 1 Rolle Bouilloneffektdraht in Gold, ø 0,2 mm
- Flower Hair in Gold
- Moos
- Steckschwamm

Kleben Sie den Steckschwamm in den Topf und fixieren Sie etwas Flower Hair darauf, das Sie am Topfrand herunterhängen lassen. Anschließend befestigen Sie die Manschette auf dem Topf und kleben in die Mitte etwas Moos und die Metallform. Wickeln Sie die Tannengirlande um die Unterkante der Metallform und kleben Sie in regelmäßigen Abständen 16 große Perlen darauf. Dann fädeln Sie auf 2 m Effektdraht die restlichen großen Perlen nach der allgemeinen Anleitung auf, wobei der Abstand zwischen den einzelnen Perlen 1,5 cm betragen sollte. Binden Sie den Perlendraht um den Kegel der Metallform. Die kleinen Wachsperlen fädeln Sie auf ein 1 m langes Drahtstück. Diese Perlenschnur wickeln Sie dann um den Stern. Zum Schluss binden Sie die Schellen mit jeweils 5 cm Draht an die Spitzen der Sternmanschette.

Glitzernder Tannenbaum

Schleife für die Spitze

Ziehen Sie die Perlen auf den Draht auf und biegen Sie die Drahtenden zu Ösen, damit die Perlen nicht herunterrutschen können. Dann biegen Sie den Draht der Vorlage nach zur Schleife. An der Stelle des Kreuzes binden Sie die Schleife mit Bouilloneffektdraht zusammen.

Größe

4 cm x 4 cm

Material (pro Schleife)

- 40 Perlen in Gold oder Weiß, ø 4 mm
- Draht in Gold, ø 0,4 mm, 25 cm lang
- Bouilloneffektdraht in Gold, ø 0,2 mm, 10 cm lang

Vorlagenbogen B

Größe

9 cm x 10 cm

Material

- 46 Wachsperlen in Weiß, ø 8 mm
- Draht in Gold, ø 0,4 mm, 45 cm lang
- Bouilloneffektdraht in Gold, ø 0,2 mm, 10 cm lang

Vorlagenbogen B

Kleine Schleifen

Fertigen Sie die Schleifen wie oben beschrieben an. Für das Bäumchen benötigen Sie sieben Schleifen mit goldenen und drei mit weißen Perlen.

Perlengirlande

Fädeln Sie die Perlen nach der allgemeinen Anleitung auf den Effektdraht. Lassen Sie zwischen jeder Perle einen Abstand von 1,5 cm.

Länge

ca. 1,5 cm

Material

- 100 Wachsperlen in Weiß, ø 8 mm
- Bouilloneffektdraht in Gold, ø 0,2 mm, 3 m lang

Girlande für den Topfrand

Fertigen Sie eine Perlenschnur an und schlingen Sie diese um die Tannengirlande. Legen Sie die Girlande um den Topfrand und binden Sie die Enden zu einer Schleife.

Länge

ca. 1,3 m

Material

- 60 Wachsperlen in Weiß, ø 8 mm
- Mini-Tannengirlande, 1,3 m lang
- Bouilloneffektdraht in Gold, ø 0,2 mm, 2 m lang

Tannenbäumchen

Kleben Sie den Steckschwamm in den bemalten Topf und fixieren Sie den Baum darin. Dann dekorieren Sie den Baum mit der Lichterkette, dem Flower Hair und den selbst gemachten Christbaumanhängern.

Größe

38 cm x 68 cm

Material

- Künstlicher Tannenbaum, 50 cm hoch
- Mini-Lichterkette mit 10 Lampen
- Tontopf, ø 20 cm, 18 cm hoch
- Acrylfarbe in Gold
- Steckschwamm
- Flower Hair in Gold

Ornamente (Abbildung Seite 31)

Material

Stern-Ornament
(im Bild oben links)

Größe ø 6 cm

- 8 Sicherheitsnadeln in Gold, 28 mm lang
- 8 Sicherheitsnadeln in Gold, 34 mm lang
- 120 Wachsperlen in Weiß, ø 3 mm
- 16 Olivenperlen in Gold, 4 mm x 8 mm
- 56 Rocailles in Gold, ø 2,6 mm
- Draht in Gold, ø 0,4 mm

Kugel-Ornament
(im Bild unten rechts)

Größe 4 cm x 5 cm

- 8 Sicherheitsnadeln in Gold, 28 mm lang
- 8 Sicherheitsnadeln in Gold, 34 mm lang
- 56 Wachsperlen in Weiß, ø 4 mm
- 32 Wachsperlen in Weiß, ø 3 mm
- 8 Olivenperlen in Gold, 4 mm x 8 mm
- 80 Rocailles in Gold, ø 2,6 mm
- Draht in Gold, ø 0,4 mm

Kugel-Ornament
(im Bild in der Mitte)

Größe ø 5 cm

- 18 Sicherheitsnadeln in Gold, 28 mm lang
- 135 Wachsperlen in Weiß, ø 4 mm
- Draht in Gold, ø 0,4 mm

Kreis-Ornament
(im Bild oben rechts)

Größe ø 5 cm

- 18 Sicherheitsnadeln in Gold, 28 mm lang
- 90 Wachsperlen in Weiß, ø 3 mm
- 18 Olivenperlen in Gold, 4 mm x 8 mm
- 18 Olivenperlen in Gold, 3 mm x 6 mm
- Draht in Gold, ø 0,4 mm

Kreis-Ornament
(im Bild in der Mitte rechts)

Größe ø 5 cm

- 18 Sicherheitsnadeln in Gold, 28 mm lang
- 144 Wachsperlen in Weiß, ø 4 mm
- Draht in Gold, ø 0,4 mm

Kreis-Ornament
(im Bild unten links)

Größe ø 5 cm

- 18 Sicherheitsnadeln in Gold, 28 mm lang
- 108 Wachsperlen in Weiß, ø 3 mm
- 144 Rocailles in Gold, ø 2,6 mm
- Draht in Gold, ø 0,4 mm

Für jedes Ornament benötigen Sie zusätzlich

- Kordel in Gold, ø 1 mm, 30 cm lang

Vorlagen-bogen B

Alle Ornamente werden laut Vorlagenbogen und wie in der allgemeinen Anleitung beschrieben gearbeitet. Mit der Kordel hängen Sie die Ornamente auf.